DU VÉRITABLE CARACTÈRE

DU

DÉLIT DE PORT D'ARMES

DU
VÉRITABLE CARACTÈRE
DU
DÉLIT DE PORT D'ARMES

DISCOURS PRONONCÉ LE 24 FÉVRIER 1888

A LA SÉANCE SOLENNELLE DE

RENTRÉE DE LA CONFÉRENCE DES AVOCATS STAGIAIRES

Près la Cour d'appel de Grenoble.

PAR

J. CHAUVET

AVOCAT

GRENOBLE
BARATIER ET DARDELET, IMPRIMEURS-LIBRAIRES
—
1888

DU
VÉRITABLE CARACTÈRE
DE
DÉLIT DE PORT D'ARMES

DISCOURS PRONONCÉ LE 24 FÉVRIER 1888
A LA SÉANCE SOLENNELLE DE
RENTRÉE DE LA CONFÉRENCE DES AVOCATS STAGIAIRES
Près la Cour d'appel de Grenoble.

PAR

J. CHAUVET

AVOCAT

GRENOBLE
BARATIER ET DARDELET, IMPRIMEURS-LIBRAIRES

1888

Monsieur le Batonnier,

Messieurs et chers Confrères,

La société, en échange de la protection qu'elle procure à l'homme, exige de lui le sacrifice d'une part de sa liberté. Mais où doit s'arrêter cette sphère de l'action sociale? Quel jeu doivent avoir ces rouages délicats auxquels voudraient toucher tant de mains malhabiles? C'est là la question toujours ouverte des rapports de l'individu avec l'Etat, ou, pour mieux dire, c'est ce procès toujours pendant qu'Herbert Spencer a eu raison d'appeler, en style de Palais : L'individu contre l'Etat.

Ce problème ne se pose pas seulement en matière économique. Il apparait avec toute sa gravité dans les diverses branches de la législation; il y reçoit des solutions quelquefois discutables, mais toujours intéressantes à étudier. Aussi, Messieurs, pour remplir la mission que vous avez bien voulu me confier, voudrais-je vous présenter une des faces les moins explorées de ce problème; je voudrais développer devant vous une disposition législative où, sous couleur de préservation sociale, l'Etat a cru devoir restreindre les droits de l'individu. J'entends parler du délit de port d'armes prohibées. Je chercherai à dégager le caractère de ce délit; j'essaierai de vous montrer ce qu'il a été autrefois, ce qu'il est devenu aujourd'hui; et votre bienveillance, j'en suis certain, saura excuser les défauts de ma tâche.

Fabriquer, vendre, porter et posséder des armes, ce sont là des faits tout matériels, qui, isolés de toute intention criminelle, ne peuvent constituer en euxmêmes un délit moral. C'est ce que l'on peut appeler l'usage d'une liberté naturelle, une de ces libertés dont jouissait sans conteste l'homme primitif, lorsque la gendarmerie et les parquets n'existaient pas encore ; et il devait en user, ce semble, sans que sa conscience lui en fît un scrupule. Aujourd'hui encore, la nature intrinsèque de ce droit ne peut avoir changé : c'est ce que la Cour de Paris voulait assurément déclarer, lorsque, dans un arrêt fortement motivé sur lequel je reviendrai tout à l'heure, elle commençait par dire : « En principe, non seulement la possession, mais le port des armes est un acte licite... les lois l'ont restreint dans un but de police et de sûreté publique. »

C'est donc, Messieurs, que le législateur a senti le besoin d'édicter des mesures restrictives : de là, dès les temps les plus anciens, des règlements — prohibitifs, cela va sans dire, car il a toujours été facile de battre en brèche un droit quelconque, sous prétexte de le réglementer. Seulement, lorsque viennent les heures troublées de la vie d'un peuple, lorsque les passions politiques se heurtent à ces prescriptions légales, l'histoire n'a plus qu'à constater leur impuissance : les éluder devient chose facile, car les mœurs sont plus fortes que les lois.

Voyez ce qui s'est passé à Rome. Dès l'époque de Servius Tullius, il est défendu de porter des armes dans l'intérieur de la ville (1); les légions elles-mêmes ne peuvent y entrer en armes, et se réunissent au Champ de Mars (2); les haches des licteurs s'arrêtent aux portes de la cité. Ces prohibitions sont observées tant bien que mal jusqu'aux guerres civiles ; mais elles disparaissent au milieu des troubles qui ensanglantent les deux derniers siècles de la République. César veut les renouveler ; il fait adopter la loi *Julia de vi publicâ*, qui punissait la détention et le port des armes (3). Vaine précaution! Ceux qui assassinèrent le dictateur dans la curie, Brutus, Cassius, et avec eux, trois cents sénateurs surent cacher des poignards sous leur toge.

C'était surtout en matière électorale que l'on traitait ces mesures prohibitives avec le plus grand sans-gêne. A ce moment de l'histoire romaine, les magistratures publiques, le consulat, la censure, la préture, sont devenues un jouet entre les mains des partis : pour les obtenir, on ne recule pas devant la violence. Le candidat, il est vrai, a des moyens plus doux : il donne des festins, des combats de gladiateurs, bâtit des théâtres ; il s'engage parfois à servir à une tribu ou à un collegium une pension annuelle. Celui-là

(1) Pline, 34, 14.
(2) Aulu-Gelle, n. att., 15, 25.
(3) L. 1 et L. 3, § 1 *D. ad leg. Jul. de vi publ.*, 48, 6.

s'estime heureux, qui peut trouver quelque curiosité extraordinaire à donner en spectacle à ses concitoyens, des géants ou des nains comme on n'en a jamais vu au Cirque, ou quelque animal sauvage qui n'a pas encore paru dans l'arène. Le résultat des comices récompense celui qui a le mieux su amuser la plèbe romaine (1).

Ces moyens ne suffisaient pourtant pas ; suivant la belle parole de Lucain, la force était devenue la mesure du droit (2). Il y avait bien cette loi *Julia de vi publicâ,* qui punissait les complots et les séditions, qui punissait aussi le simple port d'armes, en dehors de toute intention criminelle. Mais elle avait excepté, elle avait dû excepter ceux que leur profession obligeait à porter habituellement des armes, les soldats, les gladiateurs ; quant aux exclaves, ils échappaient à la prohibition légale comme n'ayant pas de personnalité juridique. Il était dès lors loisible à tout homme politique de s'entourer d'une troupe d'esclaves et de spadassins mercenaires. On le faisait, et ces bandes de brigands en venaient souvent aux mains. Dans une de ces rencontres, Quintus, le frère de Cicéron, fut laissé pour mort, un tribun faillit être tué (3). Une autre fois, Milon, candidat au consulat, et Clodius, tribun de la plèbe,

---

(1) Sur les élections à Rome, voir *passim* les ouvrages de M. Boissier, en particulier un article dans la *Revue des Deux-Mondes,* 1ᵉʳ mars 1881.

(2) .... Mensuraque juris
  Vis erat... ... (Phars., I, v. 175).

(3) Voir Duruy, *Hist. des Romains,* t. II, p. 418 et suiv.

se rencontraient avec leurs troupes sur la voie Appienne; un combat s'engage, les gens de Clodius sont battus et leur maître tué dans une hôtellerie (1). Nous devons à cette collision sanglante un chef-d'œuvre d'éloquence judiciaire, le plaidoyer de Cicéron pour Milon (2). Le grand avocat invoque en faveur de son client le droit de légitime défense : si le citoyen romain peut posséder des armes, s'il peut s'entourer de la cohorte de ses partisans, c'est assurément qu'il peut user de ces gens et de ces armes pour protéger sa vie : ainsi le veut la loi naturelle. « Pourquoi prendre des escortes, s'écrie l'orateur, pourquoi porter des armes ? Certes, il ne serait pas permis de les avoir, s'il n'etait en aucun cas permis de s'en servir. Il est en effet une loi non écrite, mais innée en nous; une loi que nous n'avons ni apprise de nos maîtres, ni reçue de nos pères, ni étudiée dans nos livres : nous la tenons de la nature même, nous l'avons puisée dans son sein... Cette loi dit que tout moyen est bon pour sauvegarder nos jours, lorsqu'ils sont exposés aux embûches et aux poignards d'un brigand ou d'un ennemi. Oui, les lois se taisent au milieu des armes : pas n'est besoin de les attendre, lorsque celui qui les attendrait serait

---

(1) Duruy, op. cit., p. 431.
(2) On sait que nous ne l'avons pas tel qu'il fut prononcé, mais retouché par l'auteur lui-même. Cicéron, qui ne manquait pas de courage civique, fut intimidé par l'appareil militaire dont Pompée alors consul avait cru devoir s'entourer pour se garantir de toute attaque. « Le forum, dit Plutarque, ressemblait à un camp. »

victime d'une violence injuste avant qu'elles pussent lui porter secours (1). »

Les termes de ce passage supposent bien une législation positive discutable et discutée. Quoi qu'il en soit, la *lex Julia de vi publicâ* était encore en vigueur au temps de Justinien. Cet empereur aggrava encore ses prohibitions. En défendant la détention et le port des armes, elle avait laissé libres leur fabrication et leur commerce, sauf avec les ennemis (2). Justinien interdit aux particuliers dans leurs rapports entre eux ce commerce et cette fabrication, pour les monopoliser au profit de l'Etat (3).

Pour les barbares qui occupèrent la Gaule, Francs, Wisigoths et Burgondes, comme pour les autres peuples de la Germanie, les armes étaient le signe distinctif de l'homme libre. On les porte dans toutes les assemblées, dans les délibérations, dans les palais, et lorsqu'on acclame les rois (4). On les porte à la ville, dans les champs, en voyage : si ce n'est pas pour se défendre, c'est pour attaquer. Il suffit de lire quelques pages de Grégoire de Tours, le peintre des mœurs de cette époque tourmentée, pour voir combien cet usage était universel.

Pourtant, quelqu'enraciné qu'il fût dans les habitudes, le pouvoir royal, c'est-à-dire le pouvoir centralisateur de l'Etat, à peine consolidé, songea à le

---

(1) Cic. *pro Milone*, 4.

(2) L. 2, D. *ad leg. Jul. de vi publ.*, 48, 6. — L. 4, D. *ad leg. Jul. majest.*, 48, 4. — L. 2, C. *Quæ res export. non debeant*, 4, 41.

(3) Nov. 85, ch. 1 et 4.

(4) Cf. le texte célèbre de Tacite.

combattre. C'est ce qu'essayèrent en vain deux capitulaires de Charlemagne, de 805 et 806. Les guerres contre les Normands et la triste anarchie du x‍ᵉ siècle, puis aux xiᵉ et xiiᵉ siècles, l'expansion féodale et militaire ne permirent pas de donner suite à ces premiers essais.

La royauté les reprit lorsqu'aux xiiiᵉ et xivᵉ siècles, appuyée sur les légistes, elle commença à créer lentement, mais sûrement, cette idée de tutelle centralisatrice qui devait durer cinq cents ans, et dont nous sommes encore aujourd'hui si profondément imbus. La prohibition du port d'armes, en principe et sauf exceptions, parut une mesure de police absolument nécessaire. Déjà, en 1229, Henri, duc de Brabant, dans une charte pour la communauté de Bruxelles, avait édicté une semblable disposition (1). Il fut suivi dans cette voie par saint Louis (2), Philippe le Bel (3) et Charles V (4). Cette tradition est reprise après guerre de Cent ans par Louis XI (5) et Charles VIII (6). La fréquence de ces prescriptions prouve à quel point elles étaient peu respectées. Elles se multiplient encore au xviᵉ siècle sans pou-

---

(1) Du Cange, vº *Arma violenta*. « Si quis cutellum prœacutum vel arma bellica sive violenta super se portaverit infra oppidum, solvet libras quinque. »

(2) En 1265.

(3) Ordonnance du 30 décembre 1311.

(4) Ordonnance du 13 juillet 1367. C'est l'époque où les Grandes Compagnies parcourent le royaume en le dévastant. Duguesclin en avait emmené une partie en Espagne (1364).

(5) Ordonnance du 12 mars 1478.

(6) Ordonnance du 25 novembre 1487.

voir arrêter les luttes des partis religieux, et les vengeances personnelles qui s'y mêlèrent si fréquemment. Nous trouvons en effet sur ce point une douzaine d'ordonnances (1), punissant soit le commerce et le port des armes en général, soit le port des armes blanches, soit le port des pistolets de poche ; quelques-unes prononcent contre les délinquants la peine de mort, les autres, l'amende seulement ou la prison, la peine de mort étant réservée au cas de récidive. Certaines d'entre elles visent expressément les gentilshommes eux-mêmes, qui seront, comme les vilains, saisis et étranglés sur le champ (2).

Malgré tout, ces prohibitions trouvaient dans les usages certains tempéraments fondés sur une concession expresse ou tacite de l'autorité royale. Par exemple, elles devaient se concilier en fait avec les habitudes de la noblesse et l'institution des milices bourgeoises (3). Gardons-nous pourtant, Messieurs, de croire qu'elles étaient purement comminatoires ; et, à ce propos, je vous demande la permission de

---

(1) Ordonnances des 25 novembre 1527, 31 décembre 1532, 16 juillet 1546, 25 novembre 1548, 28 novembre 1559, 5 août 1560, juillet 1561, 30 avril 1565, 4 août 1598.

(2) Ordonnance de François I*er* du 16 juillet 1546.

(3) Nicolas Chorier, *Jurispr. de Guy-Pape*, l. IY, sect. 8, art. 3, — p. 251 et 262. Cet auteur s'occupe surtout des délits commis au moyen des armes, à propos de deux arrêts du Parlement de Grenoble des 7 avril 1601 et 28 juin 1684. Remarquons cette phrase : « Dans la politique, le port des armes offensives n'est permis à personne : la noblesse même n'a pour cela nul droit propre et naturel... il faut que le souverain y consente. »

Sur les milices bourgeoises, cf. Babeau, *la ville sous l'Ancien Régime*, t. I*er*, p. 29 et t. II, pp. 21-54.

résumer brièvement un arrêt du Parlement de Grenoble du 24 juin 1613.

Cet arrêt est motivé sur l'édit de Henri IV du 12 septembre 1607, renouvelant les anciennes pénalités contre ceux qui porteraient des pistolets de poche (1). Or, Adrien Leroy, en cherchant à échapper aux prévôts, avait tiré sur la place publique de Tullins un coup de pistolet qui avait blessé par hasard noble Joachim Falcoz. Mais cette blessure était légère, le délit semblait n'avoir rien de grave en lui-même : et Leroy avait obtenu de Lesdiguières, alors gouverneur du Dauphiné, des lettres de grâce pleine et entière. Le Parlement retint pourtant l'affaire. Quelques conseillers, il est vrai, proposaient de faire d'office une enquête sur les faits justificatifs invoqués par l'accusé, « afin de diminuer la peine portée par l'édit, » dit l'arrêtiste que je cite en ce moment. La majorité du Parlement ne fut pas de cet avis, et condamna Leroy pour s'être rendu coupable du fait matériel de port d'arme prohibée, prévu et puni par l'édit de 1609.

« La Cour, sans s'arrester aux lettres de remission, grâce et pardon obtenus par ledit Leroy, desquelles comme obreptices, subreptices et inciviles elle l'a débotté, l'a déclaré suffisamment atteint et

---

(1) « Avons fait et faisons très expresses inhibitions et défenses à toutes personnes, même à ceux auxquels nous avons permis de porter armes à feu, de quelque qualité et condition qu'elles soient... d'acheter ny porter des petits pistolets, soit à la pochette ou autrement, cachés ou à découvert... à peine de vie... »

convaincu du crime de port de pistolet de pochette et autres excez en résultant ; en réparation de quoi l'a condamné à être livré ès-mains de l'exécuteur de la haute justice, pour estre par lui conduit en la place du Brueïl (1), et là estre pendu et estranglé à une potence qui à ces fins sera dressée, jusques à ce que mort naturelle s'ensuive ; ordonne ladicte Cour que les deux pistolets desquels ledit Leroy s'est trouvé saisi seront attachez à son col, et par lui prollez (2) depuis la conciergerie du Palais jusques à ladicte potence, et après seront les canons et rouets desdits pistolets brisez et rompus, en sorte qu'ils ne puissent servir à personne ; et, en outre ce, a condamné iceluy accusé à l'amende de trois cents livres (3)... »

Je n'ai rien d'intéressant à ajouter sur le dernier état de l'ancien droit en notre matière. On y distingue le port d'armes accompagné de violence et d'assemblée illicite, crime de lèse-majesté au deuxième chef, puni par deux déclarations de 1610 et 1629, du port d'armes pur et simple, formant seulement l'objet de règlements de police. Sur ce second point, le seul qui nous occupe, je n'étudierai point avec Muyart de Vouglans (4) les dispositions complexes de l'édit de

---

(1) Aujourd'hui place Grenette.
(2) Portès, *prolata*.
(3) Recueil de notables arrêts du Parlement de Dauphiné, etc... par Jean-Guy Basset, avocat consistorial en ladite Cour, 2ᵉ éd. 1688, p. 514-517.
(4) Les lois criminelles de France dans leur ordre naturel, Paris, 1780, p. 146 et 150. Amasser des armes plus qu'il n'est suffisant pour la défense personnelle est aussi un crime de lèse-majesté au second chef comme empiètement sur les droits de la souveraineté royale.

décembre 1667, et des déclarations des 25 août 1727 et 23 mars 1728. Et enfin, pour abréger cet historique, permettez-moi de franchir d'un trait la législation de notre siècle, les décrets des 2 nivôse an XIV et 12 mars 1806, les articles 314 et 315 du code pénal, la loi du 24 mai 1834 et l'ordonnance du 23 février 1837 (1). Je vais en parler à propos de la question toute d'actualité à laquelle j'arrive maintenant.

Quelle est aujourd'hui la législation qui régit la fabrication, le commerce et le port des armes autrefois prohibées, c'est-à-dire d'une façon générale les armes blanches et les pistolets de poche ? Ou plutôt, y a-t-il encore une loi qui punisse le port de ces armes ? En effet, la loi du 14 août 1885 (2) est venue inaugurer un régime nouveau ; elle a voulu naturaliser en France, comme elles l'étaient ailleurs depuis longtemps, toutes les branches de l'industrie des armes, et les intérêts de la défense nationale n'ont pas été étrangers à ces projets. Désormais, la fabrication et le commerce des armes de modèle règlementaire (3) sont libres, sauf conditions imposées aux fabricants et commerçants (art. 2, 3 et 4), avec peines applicables aux contrevenants. Quant

---

(1) Voir ces textes dans D. Rép. v° Armes, t. v, p. 236.

(2) Voir le texte de cette loi dans S. Lois annotées, 86, p. 5 et suiv. Discussion à la Chambre sur déclaration d'urgence, le 27 juin 1885. (J. Off. du 28, déb. parlem., p. 1236. — Déclaration d'urgence et adoption sans discussion au Sénat, le 5 août (J. Off. du 6, déb. parlem., p. 1132). — Promulg. au J. Off. du 26 août.

(3) Le § 2 de l'art. 2 définit ainsi les armes règlementaires : celles qui sont en service dans les armées de terre et de mer ; elles sont définies par les tables de construction approuvées par les ministres de la guerre et de la marine.

à la fabrication et au commerce soit des armes de toutes espèces non règlementaires en France et des munitions non chargées employées pour ces armes, soit des armes blanches et revolvers, ils deviennent complètement libres (art. 1 et 5).

De cet ensemble de la loi, faut-il induire qu'elle a entendu modifier implicitement les dispositions législatives antérieures qui prohibaient le port des armes de ces deux dernières catégories ?

Telle est la question qui se pose, et que je vais essayer de résoudre. Je dois dire tout d'abord qu'elle a divisé la jurisprudence et la doctrine. La Cour de Douai (1), les tribunaux d'Oloron (2) et de Grenoble (3), ainsi que quelques auteurs (4), ont soutenu l'affirmative. Au contraire, les cours de Grenoble (5), de Paris (6), de Nîmes (7), de Pau (8), des tribunaux de Mont-de-Marsan (9), de Narbonne (10), de Montreuil-sur-Mer (11), et diverses autorités (12) ont pensé que

---

(1) 29 mars 1886. S. 86, 2, 193.

(2) (Cassé par Pau), 3 juillet 1886, cod. loc.

(3) (Cassé par Grenoble), eod. loc. et dans le *Journal de la Cour de Grenoble*, 1886, p. 136, avec note en ce sens.

(4) Dissert. dans la *Gaz. du Palais*, n° du 31 janvier 1886. Article dans les Lois Nouvelles, 1886, 3° partie, p. 55.

(5) 28 janvier 86, S. 86, 2, 193.

(6) 22 juin 1886. S. 86, 2, 193.

(7) 23 octobre 1886, cassant un jugement d'Apt, D. 86, 2, 216.

(8) 13 novembre 1886. D. 87, 2, 88.

(9) Journal *La Loi*, 30 juin 1886.

(10) *Ibid.*

(11) 29 juillet 86, *Gaz. du Palais*, 86, suppl., n° 20.

(12) Circulaire min. int. du 10 nov. 85. S. Lois, 86, p. 7. — Note anonyme sous l'arrêt de Grenoble. S. 1886, 2, 193.

les anciennes prohibitions du port des armes restent encore en vigueur. C'est cette dernière opinion, Messieurs, qui m'a semblé la meilleure, pour les raisons que je vais déduire.

Ces dispositions prohibitives, vous disais-je, sont fort absolues : d'où cette première conséquence, qu'il faut pour y déroger des textes formels. Or, nous voyons bien que dans un but surtout industriel et économique la loi de 1885 a levé l'ancienne défense de fabriquer et de vendre : rien ne nous montre qu'il en soit ainsi en ce qui concerne la liberté du port. On ne saurait trouver une abrogation formelle dans des formules d'un laconisme désespérant comme celle qui, dans l'art. 16 de la loi, édicte l'abrogation de « toute disposition contraire à la présente loi, » — formule stéréotypée dans bon nombre de documents législatifs.

On insiste cependant, et on fait ressortir l'idée suivante : il résulte de l'ensemble de la législation qui a précédé la loi de 1885 que la répression du port d'une arme est toujours corrélative avec l'interdiction de la fabrication et du commerce de cette arme. Ainsi, dit-on, la déclaration du 23 mars 1728, à laquelle se réfère le décret du 12 mars 1806 proscrit dans une seule et unique disposition « toute fabrique, commerce, vente, débit, achat, port » des armes qu'elle prohibe. Le décret du 2 nivôse an XIV vise dans une même phrase « la fabrication, l'usage et le port desdites armes. » Le § 2 de l'art. 314 du code pénal, et le § 2 de l'art. 1er de la loi du 24 mai 1834 prohibent le port des armes dont la fabrication et la vente sont défendues par le § 1er des mêmes articles. Enfin, les considérants de l'ordonnance de 1837 établissent une corrélation manifeste entre la prohibition du port et la prohibition de la fabrication. Donc, aujourd'hui, bien que le port ne soit pas formellement autorisé, il doit devenir licite par voie de conséquence. — Tel est le motif, sérieux, il faut en convenir, qui semble avoir entraîné un certain nombre de décisions judiciaires, en particulier le jugement longuement et fortement motivé du tribunal d'Oloron (1).

Oui, Messieurs, les lois et décrets antérieurs prévoyaient en même temps le commerce et le port des armes prohibées; mais en résulte-t-il le lien nécessaire que l'on voudrait établir? Pour ma part, je ne le crois pas. Les deux choses étaient tellement peu inséparables, qu'elles formaient deux incriminations distinctes, entraînant des pénalités différentes. Le délit de commerce était puni plus sévèrement que le délit de port : le premier, de six jours à six mois d'emprisonnement, d'après le Code pénal ; — d'un mois à un an de prison, et de 16 à 500 fr. d'amende par la loi de 1834; le second, de 16 à 200 fr. d'amende par le Code pénal, de la même amende, et en outre de six jours à six mois de prison par la loi de 1834 (2).

Le législateur a pu vouloir supprimer une de ces incriminations sans toucher à l'autre.

Eh bien, cette intention semble résulter assez clairement des travaux préparatoires de la dernière loi,

---

(1) Cf. également sur ce point, l'article des Lois nouvelles.
(2) C. pén., art. 314; loi du 24 mai 1834, art. 1er, — sans parler de la confiscation et de la surveillance de la haute police.

car, chose assez grave, la question qui nous occupe a été vue. Une proposition de M. Farcy (1) portait abrogation des quatre premiers articles de la loi de 1834, et la Commission de la Chambre des députés avait préparé un projet autorisant pour les particuliers la détention des armes de tir et de guerre. Le gouvernement demanda que la question fût réservée, et le rapporteur au Sénat, M. Brossard, ne fut pas contredit quand il fit la déclaration suivante : « L'un des arguments qu'aiment encore à développer les adversaires de la liberté, se trouve dans le droit de détention des armes, qu'ils considèrent comme la conséquence de cette liberté. Sans nous prononcer sur cette question, qui demeure complètement réservée, nous dirons que les dispositions de la loi de 1834, relatives à la détention, demeurent en vigueur, et que ces dispositions sont de nature à rassurer les plus timorés. » A la Chambre, M. Farcy demandait également, sur la question de port de toutes espèces d'armes, si les particuliers et les sociétés de tir ne seraient pas soumis à des mesures restrictives : M. Allain-Targé, ministre de l'intérieur, répondait : « Il est évident que le gouvernement ne fera pas un pas en arrière. » Mais, comme contre-partie, les paroles de M. Brossard signifiaient : « Nous n'irons pas plus loin. » Il fallait apparemment cela pour rassurer les scrupules de la Chambre haute.

Du reste, cette double solution se retrouve dans la circulaire du ministre aux préfets du 10 décembre

(1) J. Off. du 4 juillet 1884 (déb. parlem., p. 1576).

1885 (1). « La question de la détention des armes, y est-il dit, est également réservée. Toutefois, les particuliers détenteurs d'armes continueront à jouir de la tolérance qui leur est présentement accordée sous les réserves de droit commun. »

J'ajouterai enfin, Messieurs, pour épuiser les arguments empruntés à la rédaction de la loi elle-même, que les auteurs de cette loi n'ont eu qu'un but : donner en France à l'industrie nationale de l'armurerie le développement qui lui était nécessaire pour lutter avec l'industrie étrangère, voilà ce qu'ils se proposaient. But d'un ordre tout économique, depuis longtemps poursuivi par nos fabricants, et n'ayant aucun rapport avec des mesures jugées — à tort ou à raison — indispensables à la sûreté publique. Le législateur de 1885 ne faisait que suivre une voie où l'on était entré dès 1860 (2). Nous pourrons désormais demander nos armes à la fabrication privée, au lieu d'acheter les armes privilégiées de l'Etat : voilà toute la portée de l'innovation.

Dans un autre ordre d'idées, une objection plus spécieuse que réellement concluante a été soulevée contre le système que je viens d'exposer. Le droit de fabriquer et de vendre une arme, a-t-on dit, doit donner rationnellement à l'acheteur le droit de l'emporter chez lui ou en voyage, puisqu'il en est légitimement devenu propriétaire : les prohibitions anciennes rendraient illusoire la liberté donnée au com-

---

(1) S. *Lois ann.* 86, p. 7.
(2) *Lois ann.* 60, p. 56.

merce des armes (1). Et, avec quelques efforts d'imagination, on peut ce semble, se représenter le malheureux armurier poursuivi comme complice de son client dès que celui-ci a quitté le seuil du magasin. « Vous deviez savoir, s'écrierait le ministère public, que votre client ne se contenterait pas du plaisir platonique de contempler chez vous l'arme acquise à beaux deniers comptants. Vous avez sciemment procuré au délinquant l'arme dont le port était défendu : vous serez condamné pour complicité. Tenir ce langage absurde, ajoute l'opinion que je combats, ce serait nier les résultats les plus certains de la loi de 1885. Le commerce des armes doit être absolument licite ; il faut en admettre par conséquent même le colportage sur la voie publique. Comment concilier cela avec vos prescriptions surannées ?

Il me semble, Messieurs, avoir répondu par avance à ce raisonnement. « De la tolérance », comme disait M. Allain-Targé : voilà ce que nous avons, et tolérance n'a jamais, que je sache, signifié droit acquis. L'application des lois sur les armes prohibées n'a jamais été, n'a jamais pu être « rigoureuse et irraisonnée. » Ainsi s'exprime l'annotateur de Sirey à propos des arrêts intervenus en l'espèce (2) ; jamais on n'a poursuivi, ou on a poursuivi le moins possible le citoyen paisible qui emporte des armes pour monter une panoplie ou pour se défendre contre une aggression injuste. L'opinion contraire veut-elle une

---

(1) Cette idée est fort bien mise en lumière par le Tribunal d'Oloron.
(2) S. 86, 2, 193.

concession ? Veut-elle nous entendre déclarer au moins qu'il sera peut-être plus difficile qu'autrefois de trouver l'application du délit de port d'armes ? Admettons, pour pousser les choses à l'extrême, qu'on cesse de le poursuivre. La législation du port d'armes irait alors grossir le vaste arsenal des lois vieillies et tombées en désuétude. Mais nos maîtres de l'école de droit nous ont enseigné qu'en France le non-usage ne peut abroger les lois. L'expérience nous apprend qu'il en est surtout ainsi des lois politiques.

Or, les lois qui prohibent le port d'armes sont des lois politiques (sans que j'attache à cette qualification un sens péjoratif), ou, si l'on veut, des règlements de sûreté publique. De tout temps, la Cour de Bastia en a fait un fréquent usage : la Cour de Grenoble, dans l'arrêt Costabello, les a appliquées à un de ces nombreux Italiens qui troublent la sécurité de notre région. En un mot la jurisprudence ne s'en sert en général qu'à bon escient : elle donne le plus souvent cette qualification à des faits qui ont troublé l'ordre public, et qui échapperaient peut-être à une incrimination différente, en tout cas, à la preuve d'une intention coupable, plus redoutable pour l'accusé, mais infiniment plus difficile à asseoir, elle substitue la simple preuve d'un fait matériel. L'accusation a ainsi la faculté de correctionnaliser légalement beaucoup d'affaires et d'éluder la compétence de la Cour d'assises tout en restant armée d'une pénalité assez sévère. « Il importe, disait en 1834 M. Dumon à la Chambre, de réserver ces grandes accusations de complot et d'attentat pour les circonstances solennelles, pour ces conspirations flagrantes dans lesquelles le concert et la résolution se révèlent de toutes parts, pour ces tentatives audacieuses dont le but et la haute portée se manifestent à tous les yeux. Mais au-dessous se placent des actes dangereux et criminels qu'il est difficile d'atteindre. » Et l'orateur, développant sa pensée, montre que ces actes trouveront une répression efficace dans la loi qu'il soutient : la Chambre l'écouta et aggrava la pénalité antérieure.

A cette époque, le but du législateur était donc bien d'organiser une sorte de correctionnalisation légale.

Que s'est-il passé en 1885 ? Comme M. Farcy, M. Lagrange, rapporteur à la Chambre, s'élevait avec force contre la loi de 1834 (1). Et pourtant, le gouvernement a fait renvoyer la question de liberté du port d'armes ; il avait sous les yeux la discussion parlementaire de 1834 ; il a obéi à ce sentiment qui pousse un pouvoir, quel qu'il soit, à se désarmer le moins possible ; il a un moyen commode de punir certains attentats, soit contre la sûreté des particuliers, soit contre la sûreté de l'Etat. On en a usé jusqu'ici avec assez de discrétion, et surtout contre la première de ces catégories ; souhaitons qu'appliqué à la seconde il ne soit pas rapidement conduit à dégénérer en expédient politique, cette fois-ci au sens

---

(1) V. le texte de ce rapport dans le *J. Off.*, docum. parlem. d'octobre, p. 567.

défavorable du mot. Dans tous les cas, la répression du délit de port d'armes reste arbitraire.

Les considérants du jugement d'Oloron s'appuient sur les conséquences injustes de cet arbitraire nécessairement laissé à la répression pour combattre la survivance des lois pénales antérieures à la loi de 1885 : nous sommes en droit de répondre que cet arbitraire a toujours existé. Si aujourd'hui tout le monde a des armes, cela prouve seulement qu'à un moment donné on pourra poursuivre tout le monde, en tout temps, en tous lieux. On agirait, par exemple, contre M. Clovis Hugues, dont le revolver, il y a un an, partait dans les couloirs de la Chambre. Personne, il est vrai, ne songea en quoi que ce soit à incriminer l'honorable député, dont les intentions pacifiques étaient manifestes.

Mais en vérité, me direz-vous, ces lois répondent bien mal à l'aphorisme de Bacon, que la meilleure loi est celle qui fait le moins de part à l'appréciation du juge : en droit pénal surtout, c'est chose grave ! — Ce point de vue, Messieurs, n'est pas celui qui m'occupe en ce moment : j'examine la législation positive, je ne la défends pas.

Telle est, Messieurs, la discussion qui s'est élevée sur les conséquences de la loi du 14 août 1885 relativement au port d'armes ; je la finirai en souhaitant que l'on se mette enfin d'accord sur le sens du vieil adage : *Penalia non extendenda*. En notre espèce, la Cour de Paris a condamné le prévenu qui lui était déféré en alléguant, entr'autres choses, que les textes de droit pénal doivent être interprétés restrictivement; les juges d'Oloron ont donné le même motif pour prononcer un acquittement. Bien que n'adoptant pas au fond l'opinion de ceux-ci (1), il me semble qu'ils étaient dans le vrai en déclarant, dans leur système, que les textes édictant des peines (mais ceux-là seulement) ne peuvent être étendus contre l'accusé, même par argument a fortiori. De la décision de la Cour de Paris, il ressortirait au contraire qu'il ne serait pas licite d'user de l'interprétation extensive d'un texte en faveur de l'accusé ; il faudrait restreindre contre lui les moyens d'interprétation du droit commun. Cette dernière théorie conduirait aux conséquences les plus inadmissibles.

J'aurais voulu, Messieurs, ajouter à cette étude quelques développements sur un point spécial, le port des armes de guerre tel qu'il a été réglementé aux époques où la patrie était en danger. Les fameux décrets de la législation votés en 1792 sur la proposition de Carnot (2), et le décret du 4 septembre 1870 autorisant la fabrication, le commerce et la vente de toute espèce d'armes (3) m'aurait peut-être fourni une matière intéressante, qui malheureusement dépasserait les limites de ce travail. Je regrette aussi de ne pouvoir entrer dans quelques détails sur

---

(1) J'ai soutenu, en effet, qu'il n'y avait pas doute sur la portée de la loi de 1885.

(2) Cités dans D. Rép., v° Armes prohibées, n° 20. — Cf. Tissot, *Mémoires historiques et militaires sur Carnot*. Paris. 1824. P. 41 et 42.

(3) S. Lois ann., 1870, p. 514. — Il fut aboli après la guerre par la loi du 19 juin 1871. S. Lois ann. 1871, p. 57.

la législation comparée : mais je dois me borner à citer les deux dernières lois intervenues sur la questoin.

C'est d'abord une loi belge du 26 mai 1876 (1), relative au port d'armes de guerre. C'est, en second lieu, une loi anglaise du 21 mai 1881 (2), intitulée : Loi sur le port et la possession des armes et le maintien de la paix en Irlande. Il serait trop long, messieurs, et peut-être aussi trop délicat d'analyser ici cette loi et de la juger dans son application. Elle a suivi de quelques jours le *Coërcion act* du 2 mars 1881 (3), qui a attribué à l'autorité administrative en Irlande le droit de détenir pendant une longue période de temps, arbitrairement, c'est-à-dire sans jugement et sans autre preuve que la conviction du lord-lieutenant, un nombre illimité de suspects de crimes mal définis. La loi du 21 mars sur la saisie des armes chez les particuliers complète cet ensemble de mesures bien anormales de la part de cette Angleterre qui s'est toujours glorifiée des garanties accordées chez elle à la liberté individuelle. C'est vous dire que cette loi a été vis-à-vis de l'Irlande une mesure politique, dans le sens le plus détestable du mot. Je ne la discuterai donc pas : je craindrais de dire trop ou trop peu. Seule, l'histoire impartiale pourra

---

(1) Annuaire de lég. étr. 1876, p. 494-498, avec comm. de M. Dubois, Cf. Bull. de la soc. de lég. comparée, 1875-76, p. 47.

(2) Ann. de lég. étr., 1881, p. 31-34, avec comm. de M. Babinet.

(3) Ann. de lég. étr., 1881, p. 26-31, avec notice de M. Babinet.

se demander s'il est permis d'étouffer dans le sang les plaintes d'un peuple malheureux.

Aussi bien, messieurs, il est temps de conclure, et je le ferai en souhaitant que l'attention du législateur soit appelée sur ce que l'existence d'un délit de port d'armes a d'anormal dans nos lois. Les mesures prohibitives d'autrefois ont pu avoir leur utilité, lorsqu'au moyen âge on n'avait pas d'autre moyen de faire la police des routes : aujourd'hui, on ne les comprend plus. Les lois pénales, plus encore que les autres, s'il est possible, doivent suivre la marche de la société. Les qualifications de droit criminel doivent, au XIXe siècle, être nettes, précises, clairement définies : l'intention de nuire, condition essentielle à l'existence d'un délit, doit être démontrée; pour ces motifs, la qualification du délit de port d'armes doit disparaître de notre Code. Il y a seulement quelques années, il semblait presque, à entendre parler nos meilleurs jurisconsultes (1) qu'elle fût nécessaire au maintien de l'ordre public; depuis lors, la loi de 1885 est venue; on a discuté au parlement la question de la liberté du port d'armes, certains tribunaux — à tort selon moi — l'ont crue établie : et personne ne s'est plaint que les bases de l'ordre social eussent été ébranlées. Or, la société ne doit restreindre la liberté humaine que dans les strictes limites de la nécessité. Nous pouvons donc légitimement nous demander si l'incrimination que nous venons d'étudier ensemble

---

(1) D. Rép., v° Armes, n° 2. — F. Hélie et Chauveau, *Théorie du Code pénal*, t. IV, p. 84.

n'est pas devenue inutile. Et même, étant donné son caractère arbitraire, nous pouvons nous demander si elle n'est pas devenue dangereuse, si elle ne pourrait pas, à un moment donné, être ce qu'on appelait par euphémisme, il y a quelque cent ans, une mesure de salut public. Nous reviendrions alors à ces temps maudits dont parle Pline, où l'on sait inventer des crimes à la charge de ceux qui sont innocents (1).

(1) Pline le j., Panég. de Trajan, ch. 42 : « *lex majestatis... unicum crimen eorum qui crimine vacarent.* »

Du Véritable Caractère du Délit de Port d'Armes

par

J. Chauvet, avocat.

www.ingramcontent.com/pod-product-compliance
Lightning Source LLC
Chambersburg PA
CBHW060527050426
42451CB00011B/1699